Impressum
Verlag: BABADADA GmbH, Nedderfeld 112 , 22529 Hamburg
Geschäftsführer / Verlagsleitung: Harald Hof
Druck: Books on Demand GmbH, In de Tarpen 42, 22848 Norderstedt

Imprint
Publisher: BABADADA GmbH, Nedderfeld 112 , 22529 Hamburg, Germany
Managing Director / Publishing direction: Harald Hof
Print: Books on Demand GmbH, In de Tarpen 42, 22848 Norderstedt, Germany

# shkolla

## sekolah

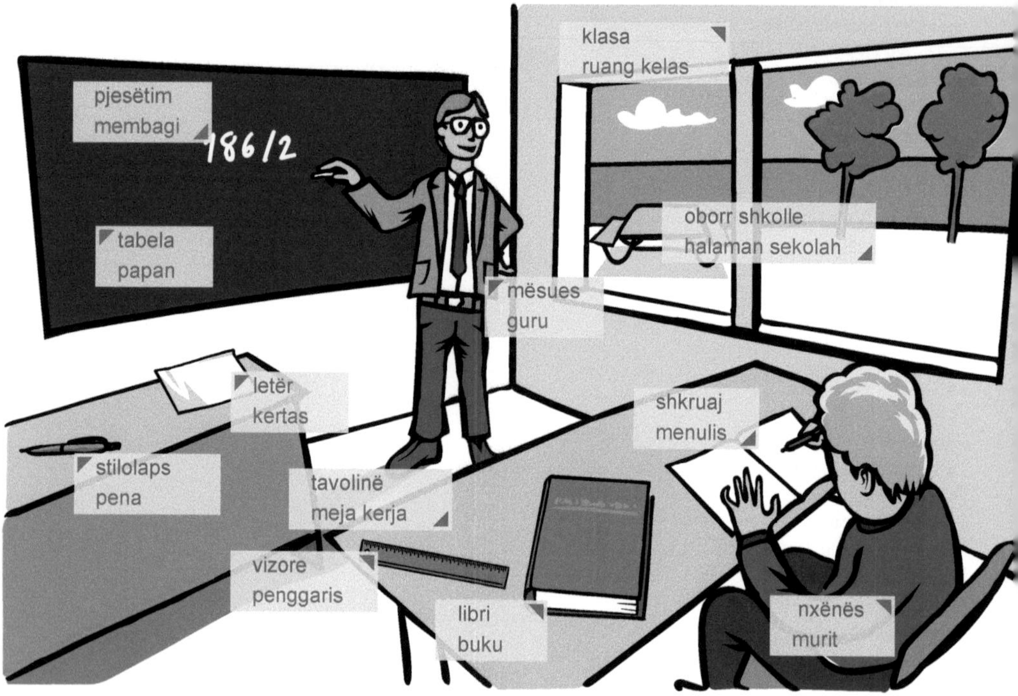
klasa
ruang kelas
pjesëtim
membagi
186/2
tabela
papan
oborr shkolle
halaman sekolah
mësues
guru
letër
kertas
shkruaj
menulis
stilolaps
pena
tavolinë
meja kerja
vizore
penggaris
libri
buku
nxënës
murit

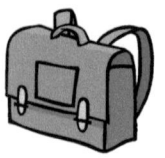

çantë

tas sekolah

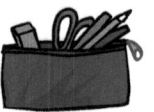

mbajtëse lapsash

tempat pensil

laps

pensil

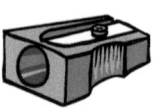

mprehës lapsash

pengasah pensil

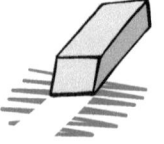

gomë

penghapus

fletore vizatimi

kertas gambar

vizatim

gambar

penel

kuas

kuti bojërash

kotak cat

gërshërë

gunting

ngjitës

lem

fletore detyrash

buku latihan

detyrë shtëpie

pekerjaan rumah

numër

angka

mbledh

tambhakan

zbres

mengurangi

shumëzoj

mengalikan

llogaris

menghitung

gërmë

huruf

alfabeti

alfabet

fjalë

kata

tekst
teks

lexoj
membaca

shkumës
kapur

mësim
pelajaran

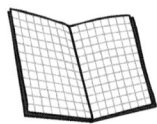

regjistër
daftar

provim
ujian

çertifikatë
sertifikat

uniformë shkolle
seragam sekolah

arsimim
pendidikan

enciklopedia
ensiklopedi

universitet
universitas

mikroskop
mikroskop

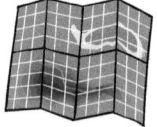

hartë
peta

kosh letrash
tempat sampah

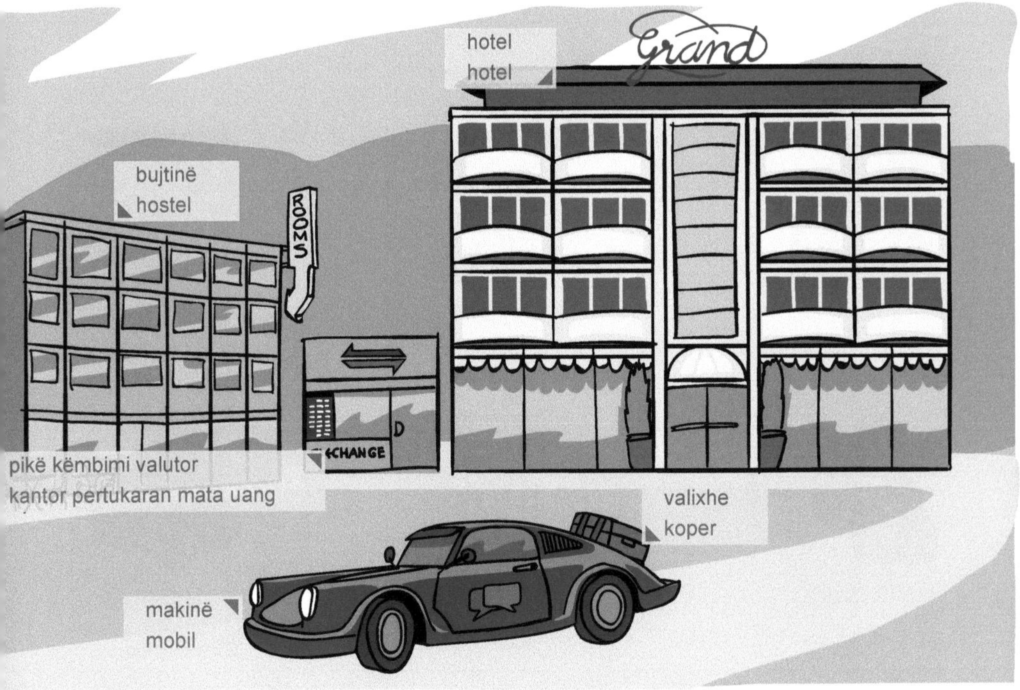

hotel
hotel
Grand
bujtinë
hostel
ROOMS
pikë këmbimi valutor
kantor pertukaran mata uang
EXCHANGE
valixhe
koper
makinë
mobil

gjuhë

bahasa

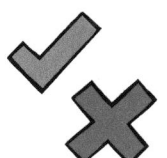

po / jo

ya / tidak

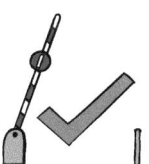

Në rregull

okay

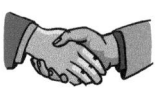

ç'kemi

hallo

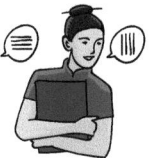

përkthyes

penerjemah

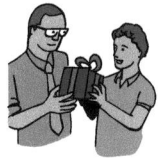

Faleminderit

terima kasih

sa kushton...?

Berapa harganya...?

nuk e kuptoj

saya tidak mengerti

problem

masalah

Mirëmbrëma!

Selamat malam!

Mirëmëngjes!

Selamat siang!

Natën e mirë!

Selamat tidur!

mirupafshim

sampai jumpa

drejtim

arah

bagazhet

bagasi

çantë

tas

çantë shpine

ransel

mysafir

tamu

dhomë

ruang

thes gjumi

kantong tidur

tendë

tenda

informacion për turistët

informasi wisata

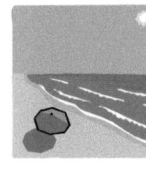

plazh

pantai

kartë krediti

kartu kredit

mëngjes

sarapan

drekë

makan siang

darkë

makan malam

Biletë

tiket

ashensor

elevator

pulla

perangko

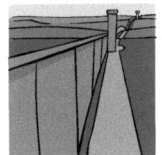

kufi

perbatasan

doganë

cukai

ambasadë

kedutaan

vizë

visa

pasaportë

paspor

# transport
# transportasi

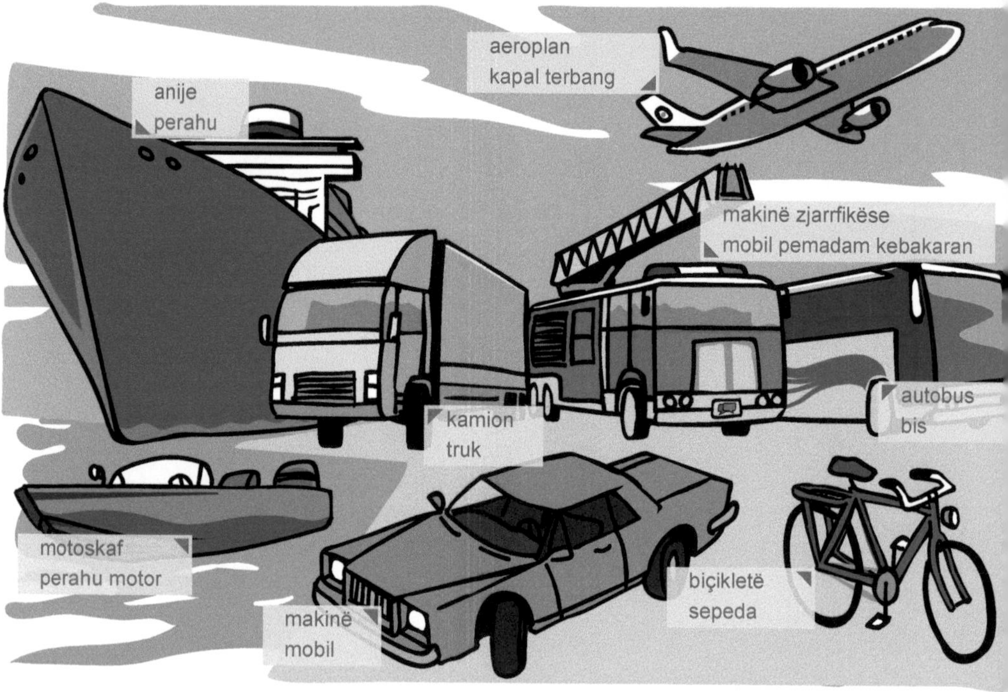
anije
perahu
aeroplan
kapal terbang
makinë zjarrfikëse
mobil pemadam kebakaran
kamion
truk
autobus
bis
motoskaf
perahu motor
makinë
mobil
biçikletë
sepeda

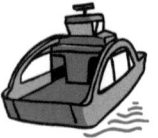

traget
feri

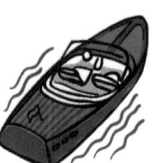

varkë
perahu

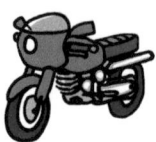

motoçikletë
sepeda motor

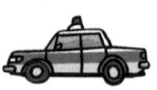

makinë policie
mobil polisi

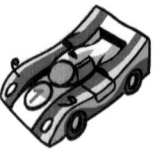

makinë garash
mobil balapan

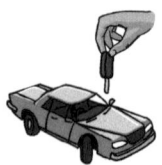

makinë me qira
mobil sewa

arje e qirasë së makinës

berbagi mobil

karroatrec

truk derek

makinë plehrash

truk sampah

motor

motor

benzinë

bahan bakar

pikë karburanti

bensin

sinjalistikë trafiku

tanda lalulintas

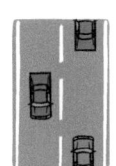

trafik

lalulintas

bllokim trafiku

macet

parkim makinash

parkir mobil

stacion treni

stasiun kereta

trase

trek

tren

kereta api

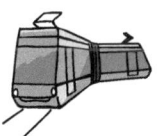

tramvaj

tram

karro

gorobak

helikopter

helikopter

aeroport

bendara

kullë

menara

pasagjer

penumpang

kontenier

container

kuti kartoni

karton

qerre

troli

shportë

keranjang

ngrihem / ulem

berangkat / mendarat

## qytet

## kota

fshat

desa

qendra e qytetit

pusat kota

shtëpi

rumah

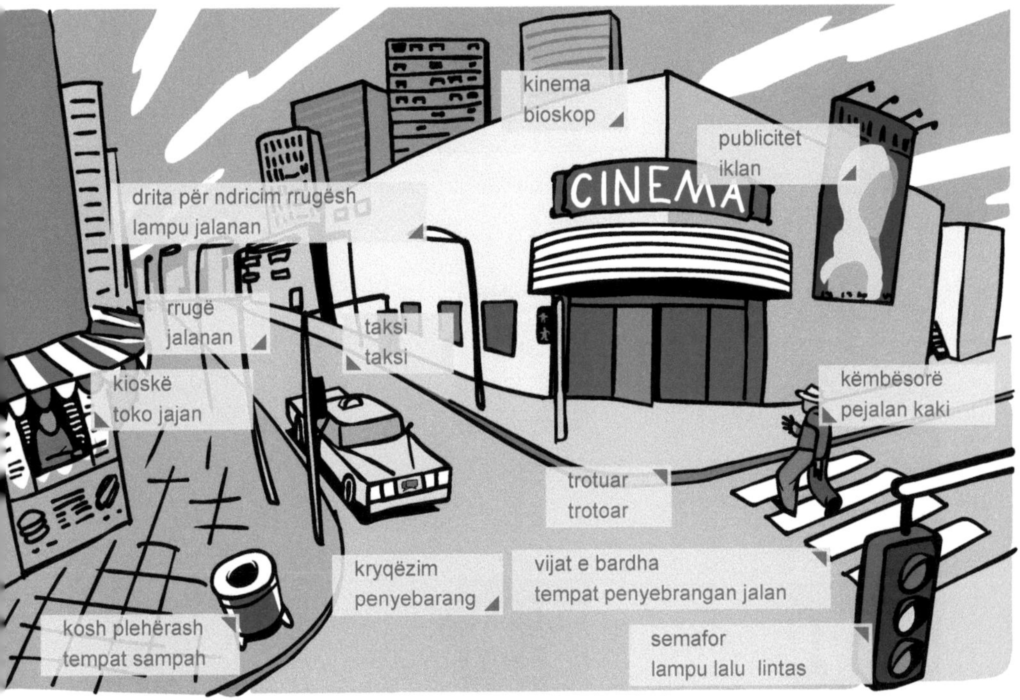

kinema
bioskop
publicitet
iklan
CINEMA
drita për ndricim rrugësh
lampu jalanan
rrugë
jalanan
taksi
taksi
kioskë
toko jajan
këmbësorë
pejalan kaki
trotuar
trotoar
kryqëzim
penyebarang
vijat e bardha
tempat penyebrangan jalan
kosh plehërash
tempat sampah
semafor
lampu lalu lintas


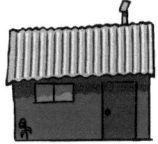

kasolle

gubuk

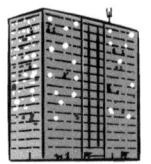

apartament

rumah flat

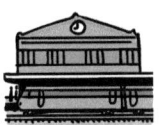

stacion treni

stasiun kereta

bashki

balai kota

MUSEUM


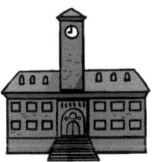

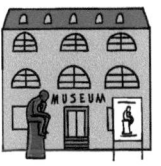

muze

museum

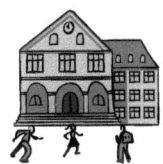

shkolla

sekolah

universitet

universitas

bankë

bank

spital

rumah sakit

hotel

hotel

farmaci

farmasi

zyrë

kantor

librari

toko buku

dyqan

toko

dyqan lulesh

toko bunga

supermarket

supermarket

market

pasar

mapo

toko serba ada

dyqan peshku

nelayan

qëndër tregtare

pusat belanja

port

pelabuhan

| | | |
|---|---|---|
|  |  |  |
| park | stol | urë |
| taman | banku | jembatan |
|  |  |  |
| shkallë | metro | tunel |
| tangga | kereta bawah tanah | terowongan |
|  |  |  |
| stacion autobuzi | bar | restorant |
| pemberhantian bis | bar | restauran |
|  |  |  |
| kuti postare | sinjalistikë rrugore | kohëmatës parkimi |
| kotak surat | tanda jalan | meteran parkir |
|  |  |  |
| kopsht zoologjik | pishinë | xhami |
| kebun binatang | kolam renang | mesjid |

 fermë
pertanian

ndotje
polusi

varrezë
kuburan

kishë
gereja

shesh lojërash
tempat bermain

tempull
pura

## peisazh
## pemandangan

gjethe
daun

tabela orientuese
penunjuk arah

rrugë
jalanan

livadh
padang rumput

gurë
batu

ekskursionist
pejalak kaki

pemë
pohon

lumë
sungai

bar
rumput

lule
bunga

luginë
lembah

kodër
bukit

liqen
danau

pyll
hutan

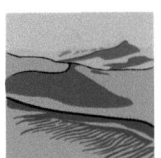

shkretëtirë
padang gurun

vullkan
gunung berapi

kështjellë
istana

ylber
pelangi

kepudhë
jamur

palmë
pohon palem

mushkonjë
nyamuk

mizë
lalat

milingonë
semut

bletë
lebah

merimangë
laba laba

brumbull

kumbang

bretkosë

kodok

ketër

tupai

iriq

landak

lepur

kelinci

buf

burung hantu

zog

burung

mjellmë

angsa

derr i egër

babi jantan

dre

rusa

dre brilopatë

rusa

digë

bendungan

turbinë ere

turbin angin

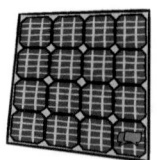

panel diellor

panel surya

klimë

iklim

# restorant
## restauran

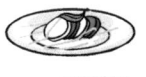

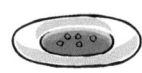

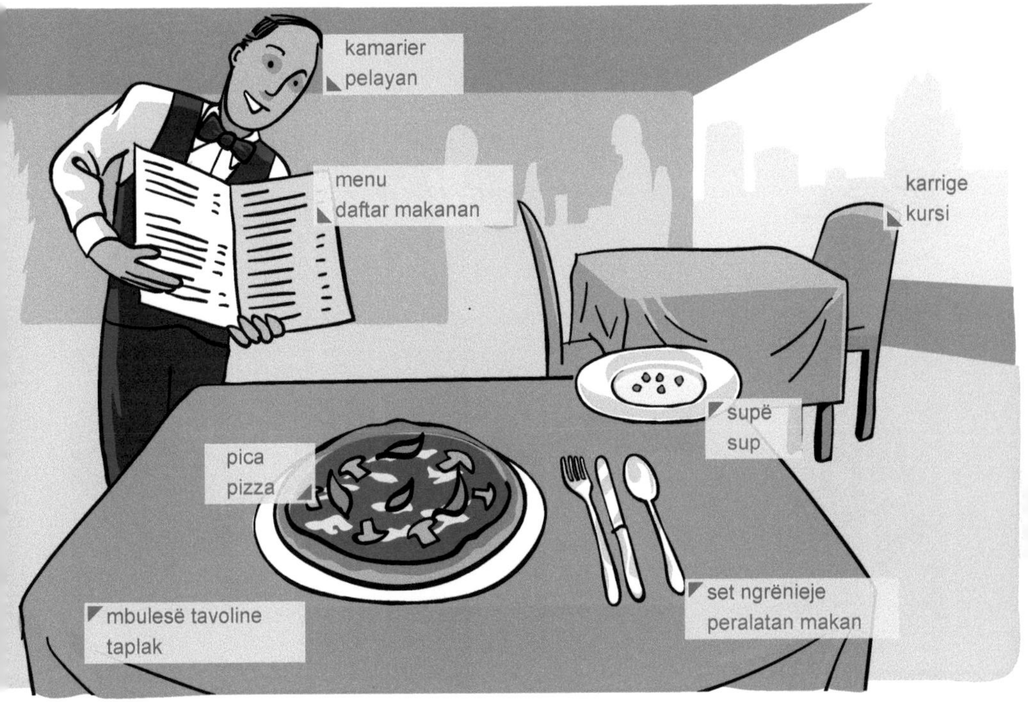
kamarier
pelayan
menu
daftar makanan
karrige
kursi
supë
sup
pica
pizza
set ngrënieje
peralatan makan
mbulesë tavoline
taplak

pjatë e parë

hindangan pembuka

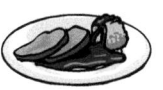

pjatë kryesore

hidangan utama

ëmbëlsirë

hidangan penutup

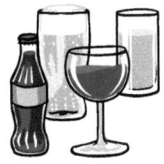

pije

minuman

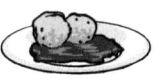

ushqim

makanan

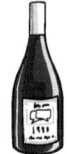

shishe

botol

ushqim i shpejtë

fastfood

ushqim i shërbyer në rrugë

masakan jalanan

ibrik çaji

teko teh

kuti sheqeri

kaleng gula

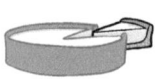

racion

porsi

makinë kafeje ekspres

mesin espresso

karrige e lartë

kursi tinggi

faturë

tagihan

tabaka

baki

thika

pisau

pirun

garpu

lugë

sendok

lugë çaji

sendok teh

pecetë

serbet

gotë

gelas

restorant - restauran

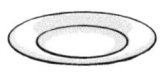

pjatë
......................
piring

pjatë supe
......................
piring sup

pjatë filxhani
......................
lepek

salcë
......................
saus

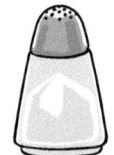

mbajtëse kripe
......................
tempat garam

mulli piperi
......................
gilingan merica

uthull
......................
cuka

vaj
......................
minyak

erëza
......................
bumbu

keçap
......................
saus tomat

mustardë
......................
mustar

majonezë
......................
mayones

# supermarket

# supermarket

ofertë speciale
penawaran khusus
FOR
klient
klien
produkte bulmeti
produk susu
frut
buah
karrocë pazari
troli

BUTCHERS

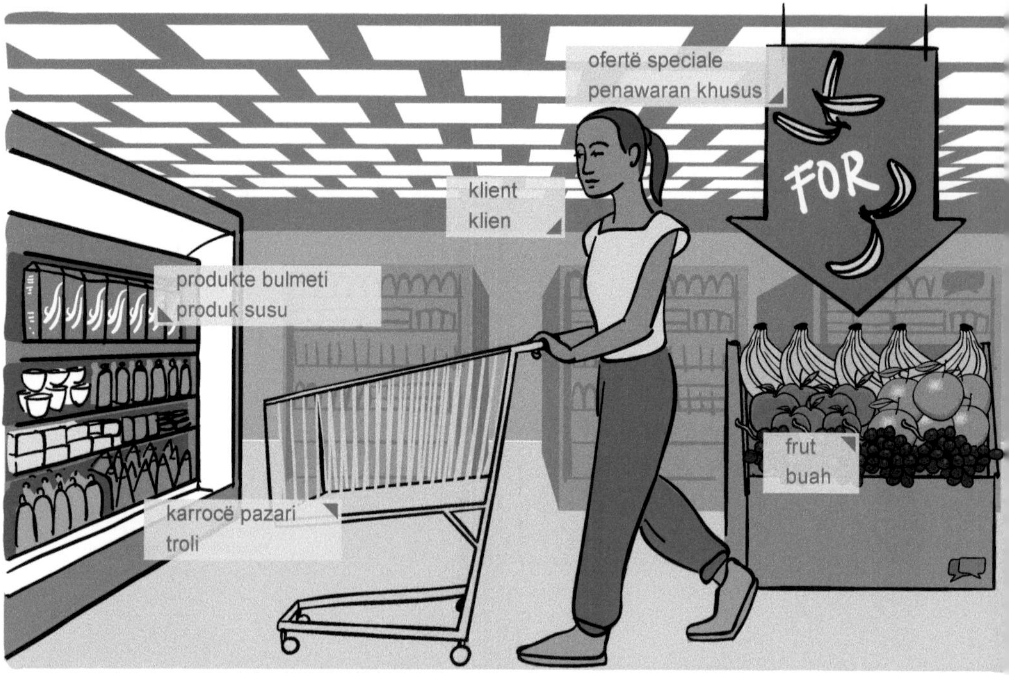

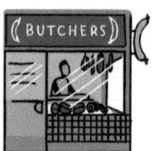

dyqan mishi

pembantai

BAKERY

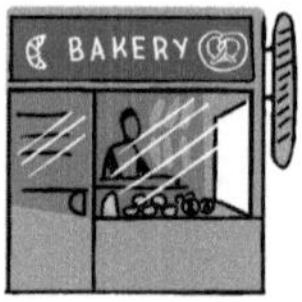

furrë buke

toko roti

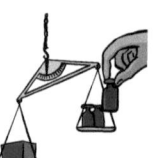

peshoj

menimbang

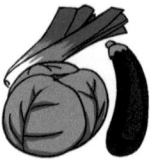

perime

sayur

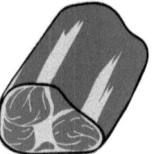

mish

daging

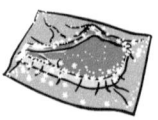

ushqim i ngrirë

makanan beku

copë
pemotongan dingin

ushqim i konservuar
makanan kaleng

pluhur larës
sabun serbuk

ëmbëlsirat
permen

prodhime shtëpie
alat-alat rumah tangga

produkte pastrimi
obat pembersihan

shitëse
penjual

kasë fiskale
kasa

arkëtar
kasir

listë blerjeje
daftar belanja

oraret e punës
jam buka

portofol
dompet

kartë krediti
kartu kredit

çantë
tas

qese plastike
kantong plastik

uje
air

lëng frutash
jus

qumësht
susu

koka-kola
cola

verë
anggur

birrë
bir

alkool
alkohol

kakao
coklat

çaj
teh

kafe
kopi

kafe ekspres
espresso

kapuçino
cappucino

banane

pisang

mollë

apel

portokalle

jeruk

pjepër

semangka

limon

jeruk lemon

karrotë

wortel

hudhër

bawang putih

bambu

bambu

qepë

bawang bombai

körpudha

jamur

arra

kacang

makarona

mi

spageti

spagetti

oriz

nasi

sallatë

salat

patate të skuqura

kentang goreng

patate të skuqura

kentang goreng

pica

pizza

hamburger

hamburger

sanduiç

sandwich

shnicel

sayatan

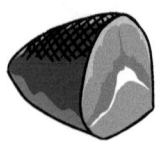

proshutë

ham

sallam

salami

salçiçe

sosis

pulë

ayam

skuq

menggoreng

peshk

ikan

tërshërë
bubur gandum

drithëra
sereal

kornfleiks
cornflakes

miell
tepung

kruasant
croissant

panine
roti

bukë
roti

tost
toast

biskotë
biskuit

gjalp
mentega

gjizë
dadih

tortë
kue

vezë
telur

vezë sy
telur goreng

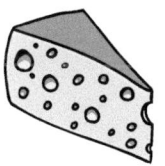

djathë
koju

akullore
eskrim

sheqer
gula

mjaltë
madu

marmaladë
selai

çokokrem
krim nugat

këri
kare

# fermë
## pertanian

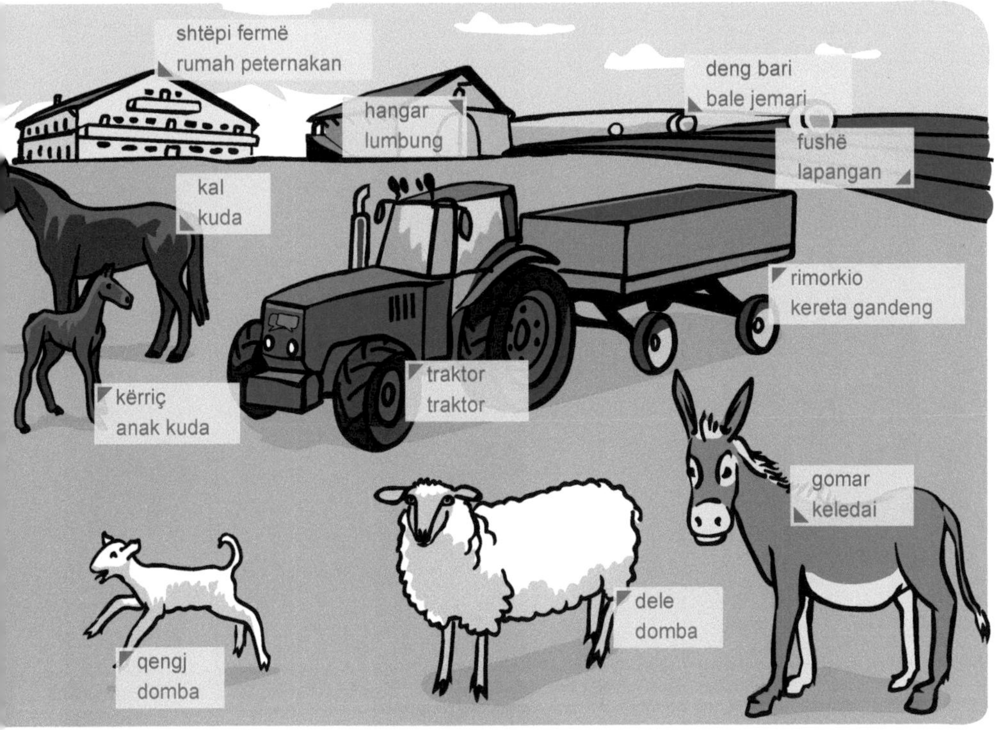
shtëpi fermë
rumah peternakan
hangar
lumbung
deng bari
bale jemari
fushë
lapangan
kal
kuda
rimorkio
kereta gandeng
traktor
traktor
kërriç
anak kuda
gomar
keledai
dele
domba
qengj
domba

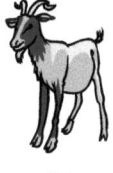

dhi

kambing

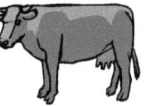

lopë

sapi

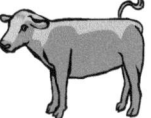

viç

betis

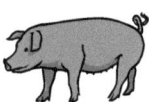

derr

babi

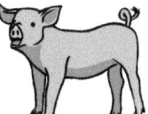

derrkuc

celeng

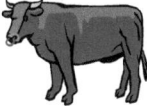

dem

banteng

patë
angsa

rosë
bebek

zog pule
anak ayam

pulë
ayam

gjel
ayam jantan

mi
tikus

mace
kucing

mi
tikus

buall
lembu

qen
anjing

kolibe qeni
rumah anjing

zorrë vaditëse
selang

vaditëse
penyiram

kosë
sabit

plug
bajak

drapër
sabit

shat
cangkul

kosa
garpu rumput

sëpatë
kapak

karrocë
gerobak

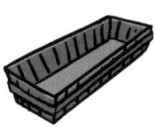

govatë
palung

bidon qumështi
kaleng susu

thes
karung

gardh
pagar

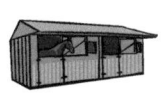

ahur
kandang

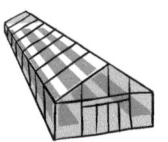

serë
rumah kaca

dhe
tanah

farë
benih

pleh
pupuk

autokombanjë
mesin pemancn

korr
................
panen

te korrat
................
panen

patate e ëmbël "Yam"
................
yams

grurë
................
gandum

soja
................
kedelai

patate
................
kentang

misër
................
jagung

raps
................
lobak

pemë frutore
................
pohon buah

zhardhok manioku
................
singkong

drithëra
................
sereal

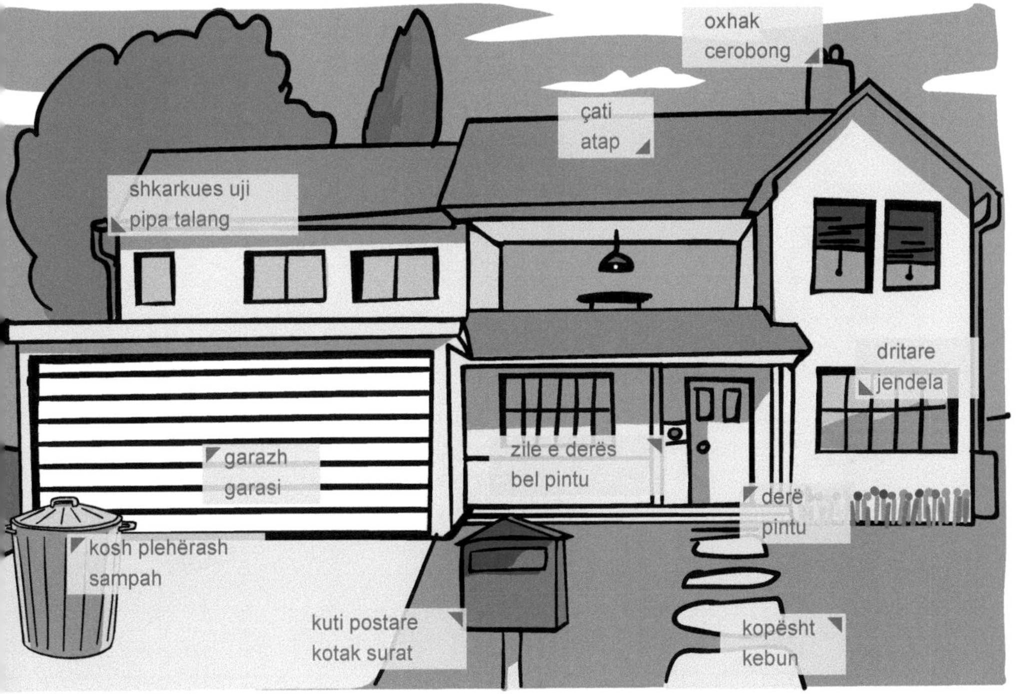

oxhak
cerobong

çati
atap

shkarkues uji
pipa talang

dritare
jendela

garazh
garasi

zile e derës
bel pintu

derë
pintu

kosh plehërash
sampah

kuti postare
kotak surat

kopësht
kebun

dhomë ndenjeje
ruang tamu

tualet
kamar mandi

kuzhinë
dapur

dhomë gjumi
kamar tidur

dhomë fëmijësh
kamar anak

dhomë ngrënieje
kamar makan

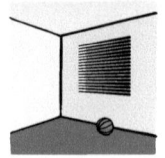

dysheme

lantai

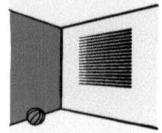

mur

tembok

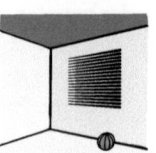

tavan

atap

bodrum

gudang di bawah tanah

sauna

sauna

ballkon

balkon

tarracë

teras

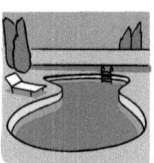

pishinë

kolam renang

kositëse bari

mesin pemotong rumput

çarçaf

sprei

kuvertë

selimut

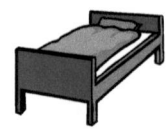

krevat

tempat tidur

fshesë dore

sapu

kovë

ember

çelës

tombol

# dhomë ndenjeje
## ruang tamu

tapiceri
kertas dinding
fotografi
gambar
llambë
lampu
raft
rak
dollap
kabinet
pajisje televizive
televisi
vatër
perapian
lule
bunga
jastëk
bantal
divan
sofa
vazo
vas
telekomandë
remote control


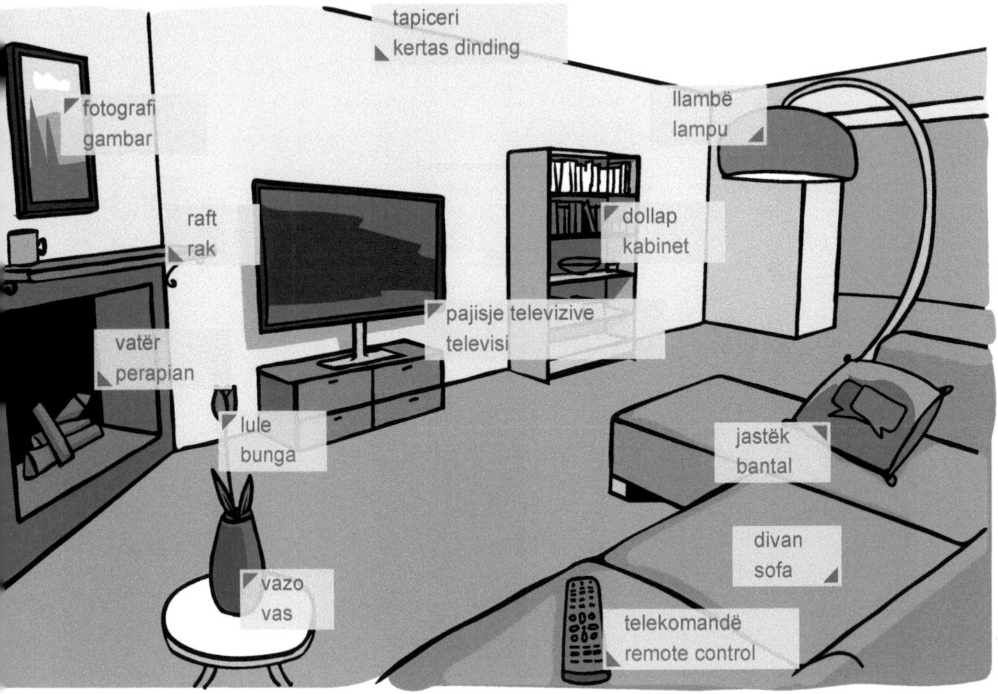

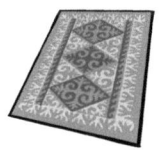

qilim

karpet

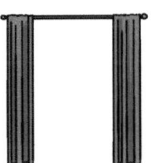

perde

korden

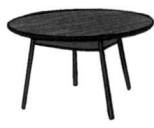

tavolinë

meja

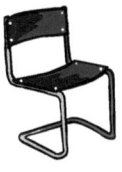

karrige

kursi

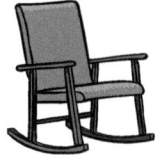

karrige lëkundëse

kursi goyang

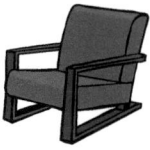

kolltuk

kursi malas

libri
buku

batanije
selimut

zbukurime
dekorasi

dru zjarri
kayu bakar

film
filem

stereo
hi-fi

çelës
kunci

gazetë
koran

pikturë
lukisan

afishe
poster

radio
radio

bllok shënimesh
buku tulis

fshesë me korent
penyedot debu

kaktus
kaktus

qiri
lilin

# kuzhinë
## dapur

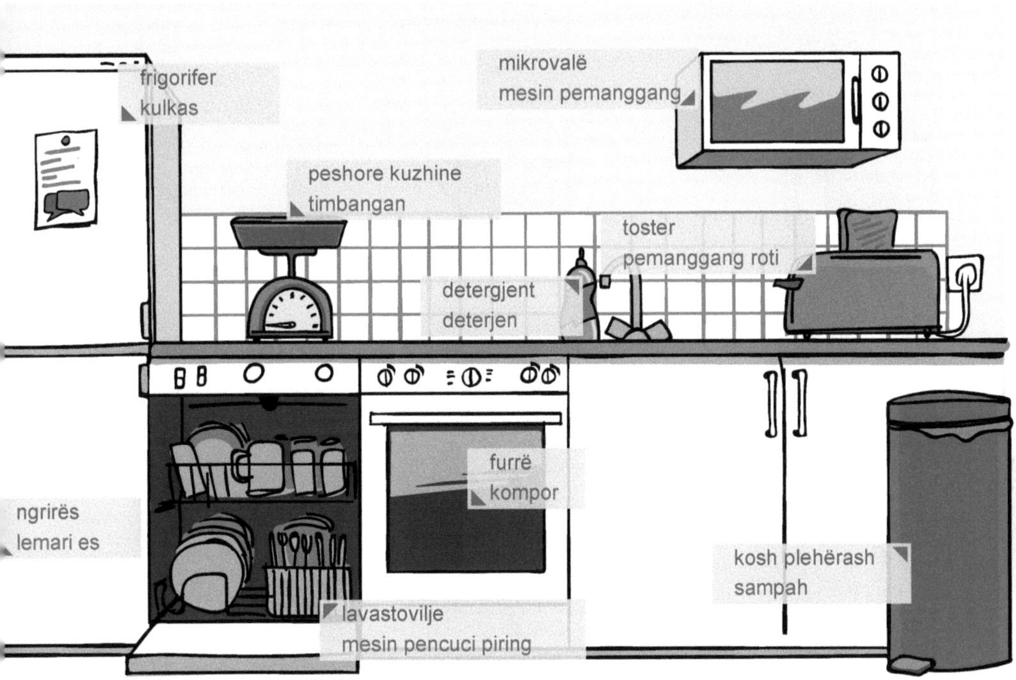
frigorifer
kulkas
mikrovalë
mesin pemanggang
peshore kuzhine
timbangan
toster
pemanggang roti
detergjent
deterjen
furrë
kompor
ngrirës
lemari es
kosh plehërash
sampah
lavastovilje
mesin pencuci piring

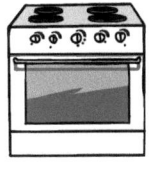

sobë
kompor

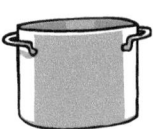

tenxhere
panci

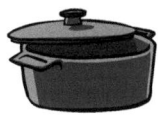

tenxhere me kapak
panci besi

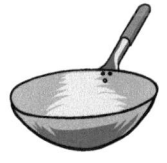

tigan special (Wok)
wajan

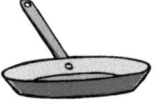

tigan
panci

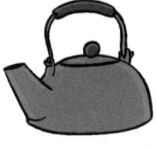

çajnik
pemanas air

tenxhere me avull

panci pengukus makanan

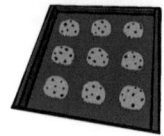

tavë pjekjeje

nampan

enë

piring

filxhan

cangkir

tas

mangkok

shkopinj

sumpit

garuzhde

sendok sup

spatul

sudip

tel kuzhine

mengocok

kulluese

saringan

sitë

saringan

rende

parutan

havan

mortir

skarë

barbeque

zjarr

api terbuka

dërrasë për prerje

papan memotong

okllai

gilingan

heqëse tapash

alat pembuka botol

kanaçe

kaleng

hapëse kanaçeje

pembuka kaleng

rrobë për të kapur tenxheren

pegangan panci

lavaman

wastafel

furçë

sikat

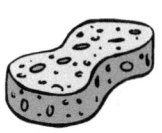

sfungjer

busa

përzjerës

mesin pencampur

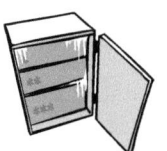

ngrirës

lemari es

biberon për lëngje

botol bayi

rubinet

keran

# tualet

## kamar mandi

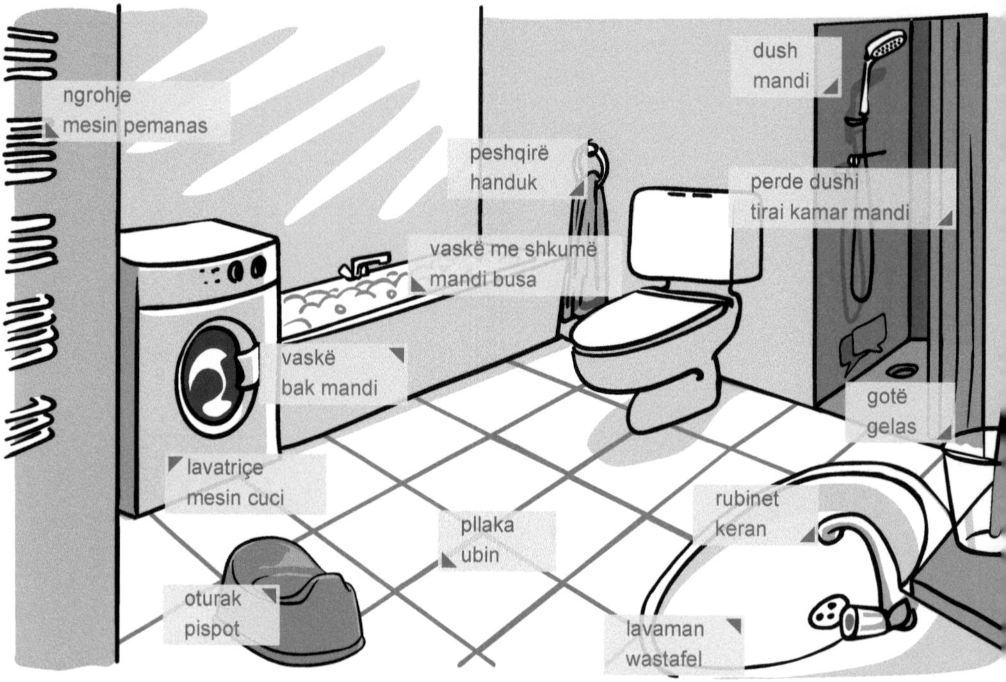

ngrohje
mesin pemanas
dush
mandi
peshqirë
handuk
perde dushi
tirai kamar mandi
vaskë me shkumë
mandi busa
vaskë
bak mandi
gotë
gelas
lavatriçe
mesin cuci
rubinet
keran
pllaka
ubin
oturak
pispot
lavaman
wastafel


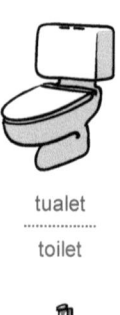

tualet
toilet

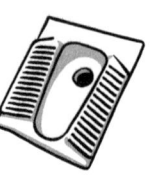

WC e sheshtë
toilet jongkok

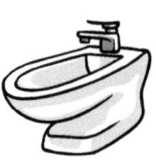

bide
bidet

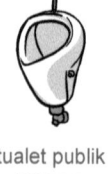

tualet publik
pissoir

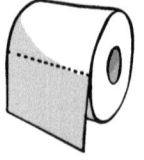

letër higjienike
kertas toilet

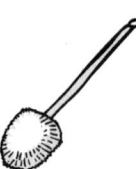

furçe për WC
sikat toilet

furçë dhëmbësh

sikat gigi

pastë dhëmbësh

pasta gigi

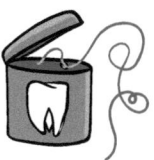

fije dentare

benang gigi

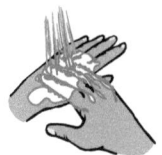

laj

menyuci

dorezë dushi

pancuran tangan

larës për zonën intime

pancuran

legen

bak

furçë për masazh shpine

sikat punggung

sapun

sabun

shampo trupi

gel mandi

shampo

sampo

leckë pastruese

planel

kullues

kuras

krem

krim

antidjersë

dcodoran

pasqyrë
kaca

pasqyrë dore
cermin tangan

brisk rroje
pisau cukur

shkumë rroje
busa cukur

locion pas rrojes
aftershave

krehër
sisir

furçë
sikat

tharëse flokësh
alat pengering rambut

llak për flokët
semprot rambut

grim
makeup

buzëkuq
lipstik

manikyr
cat kuku

mbushje pambuku
kapas

gërshërë për thonj
gunting kuku

parfum
minyak wangi

ntë për sendet personale

kantong pencuci

Stol

bangku

peshore

timbangan

robëdëshambër

mantel mandi

dorashka gome

sarung tangan karet

tampon

tampon

peceta higjienike

handuk pembalut

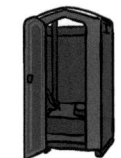

tualet I lëvizshëm

toilet kimia

# dhomë fëmijësh
# kamar anak

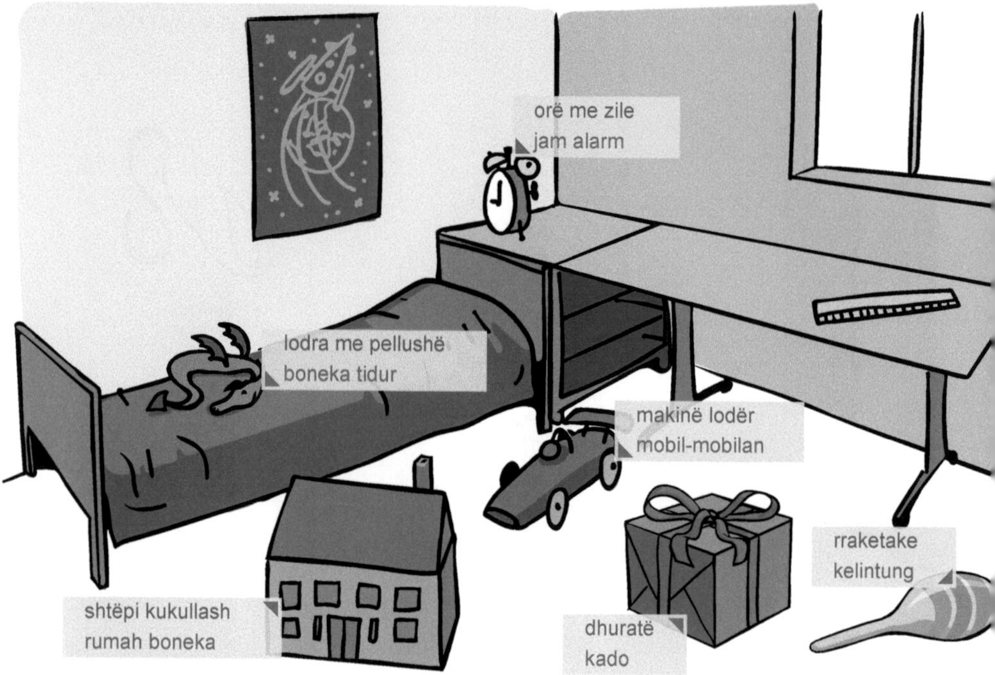
orë me zile
jam alarm
lodra me pellushë
boneka tidur
makinë lodër
mobil-mobilan
rraketake
kelintung
shtëpi kukullash
rumah boneka
dhuratë
kado

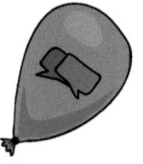

tollumbace
balon

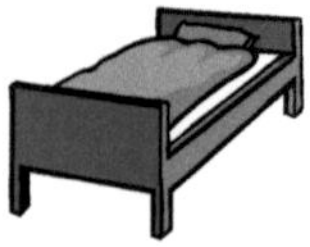

krevat
tempat tidur

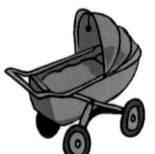

karrocë fëmijësh
kereta bayi

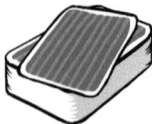

lojë me letra
mainan kartu

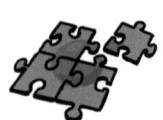

bashkim pjesësh me figura
teka-teki

SUPER
MEGA

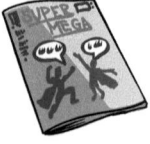

komik
komik

formuese lodër

mainan lego

kuba plastikë

blok mainan

lodra

figur aksi

badi

baju monyet

frizbi

frisbee

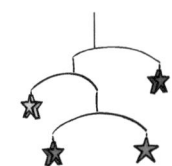

lodra të varura tek krevati i
fëmijëve

mobile

tavolinë lojërash

permainan papan

zare

dadu

model treni

set model kreta api

biberon

dot

festë

pesta

libër me ilustrime

buku gambar

top

bola

kukull

boneka

luaj

bermain

grumbull rëre

tempat main pasir

kolovarëse

ayunan

lodra

mainan

leva për lojra video

video game konsol

triçikël

sepeda roda tiga

arush prej pellushi

teddy

garderobë

lemari pakaian

## veshje

## pakaian

çorape

kaos kaki

çorape të gjata

kaos kaki

geta

baju ketat

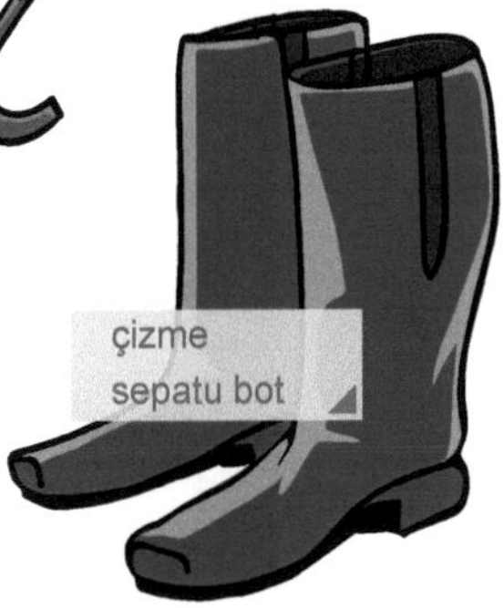

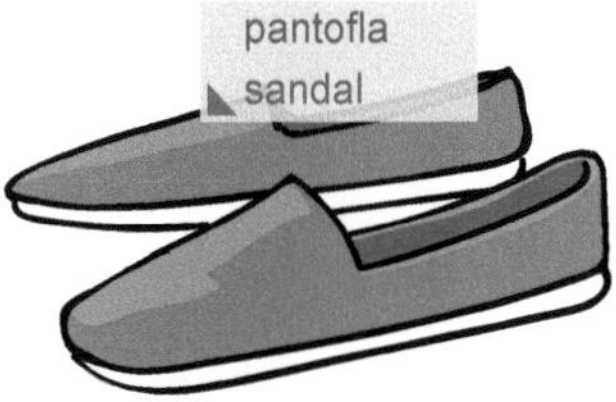

shall
syal

çadër
payung

bluzë pa jakë
kaos

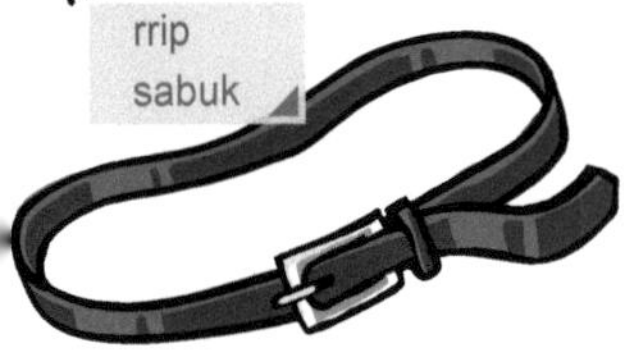

rrip
sabuk

çizme
sepatu bot

pantofla
sandal

atlete
sepatu

sandale
...............
sandal

këpucë
...............
sepatu

çizme llastiku
...............
sepatu bot karet

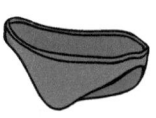

të mbathura
...............
celana dalam

reçipeta
...............
BH

kanotierë
...............
baju rompi

trup
body

pantallona
celana

xhinse
jeans

fund
rok

bluzë
blus

këmishë
kemeja

pulovër
aket berkerudung

triko
sweater

xhaketë
jaket

xhaketë
jaket

pallto
mantel

mushama shiu
jas hujan

kostum
kostum

fustan
gaun

fustan nusërie
gaun pengantin

kostum

setelan resmi

këmishë nate

gaun tidur

pizhama

piyama

sari (veshje tradicionale indiane)

sari

shami koke

jilbab

çallmë

turban

shje për femrat e besimit musliman

burka

kaftan (lloj veshjeje tradicionale)

kaftan

ferexhe

abaya

kostum banje

pakaian renang

rroba banje

celana renang

pantallona të shkurtra

celana pendek

tuta sporti

olah raga

përparëse

celemek

dorashka

sarung tangan

kopsë

kancing

syze

kacamata

byzylyk

gelang

gjerdan

kalung

unazë

cincin

vath

anting

kapuç

topi

varëse për pallto

gantungan mantel

kapele

topi

kravatë

dasi

zinxhir

ritsleting

helmetë

helm

tiranda

tali selempang

uniformë shkolle

seragam sekolah

uniformë

seragam

veshje - pakaian

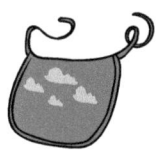

gushore

oto

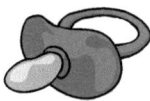

biberon

dot

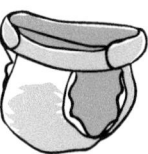

pelenë

popok

# zyrë
# kantor

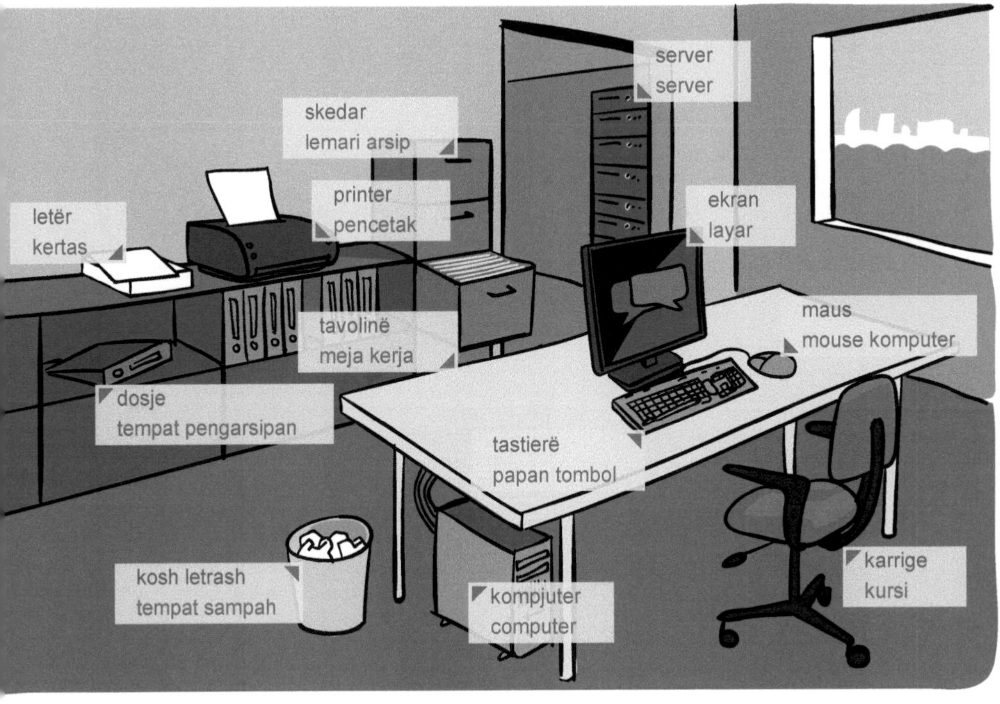
server
server
skedar
lemari arsip
printer
pencetak
letër
kertas
ekran
layar
maus
mouse komputer
tavolinë
meja kerja
dosje
tempat pengarsipan
tastierë
papan tombol
kosh letrash
tempat sampah
kompjuter
computer
karrige
kursi

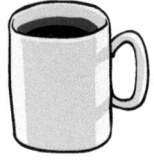

filxhan kafeje

cangkir kopi

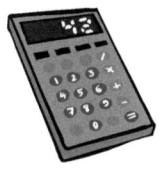

makinë llogaritëse

kalkulator

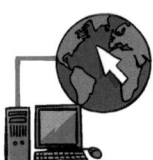

internet

internet

kompjuter portativ

laptop

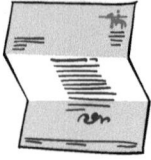

letër

surat

mesazh

pesan

telefon

telepon seluler

rrjet

jaringan

fotokopje

fotokopi

program

software

telefon

telepon

prizë

plug soket

pajisje faksi

mesin fax

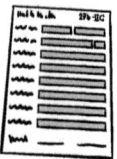

formular

formulir

dokument

dokumen

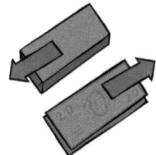

blej

membeli

paguaj

membayar

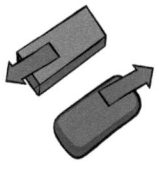

tregtoj

berdagang

para

uang

**USD**

dollar

Dollar

**EUR**

euro

Euro

**JPY**

jen

Yen

**RUB**

rubla

Rubel

**CHF**

franga zvicerane

Franc Swiss

**CNY**

juani kinez

Renminbi Yuan

**INR**

rupje

Rupiah

bankomat

ATM

pikë këmbimi valutor

kantor pertukaran mata uang

ar

emas

argjend

perak

nafta

minyak

energji

energi

çmim

harga

kontratë

kontrak

taksë

pajak

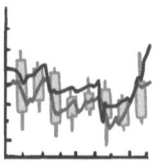

aksione

saham

punoj

bekerja

punonjës

karyawan

punëdhënës

majikan

fabrikë

pabrik

dyqan

toko

oficer policie
petugas polisi

zjarrfikës
pemadam kebakaran

kuzhinier
pemasak

mjek
dokter

pilot
pilot

kopshtar
tukan kebun

marangoz
tukang kayu

rrobaqepëse
penjahit wanita

gjykatës
hakim

kimist
ahli kimia

aktor
aktor

shofer autobuzi

sopir bis

taksist

sopir taksi

peshkatar

nelayan

pastruese

pembantu

riparues çatish

tukang atap

kamarier

pelayan

gjuetar

pemburu

piktor

pelukis

furrxhi

tukang roti

elektriçist

tukang listrik

ndërtues

pembangun

inxhinier

insinyur

kasap

tukang daging

hidraulik

tukang ledeng

postieri

tukang pos

ushtar

tentara

arkitekt

arsitek

arkëtar

kasir

luleshitës

penjual bunga

berber

penata rambut

kontrollor

konduktor

mekanik

montir

kapiten

kapten

dentist

dokter gigi

shkencëtar

ilmuwan

rabin

rabbi

imam

imam

murg

biarawan

klerik

pendeta

# mjete
# alat

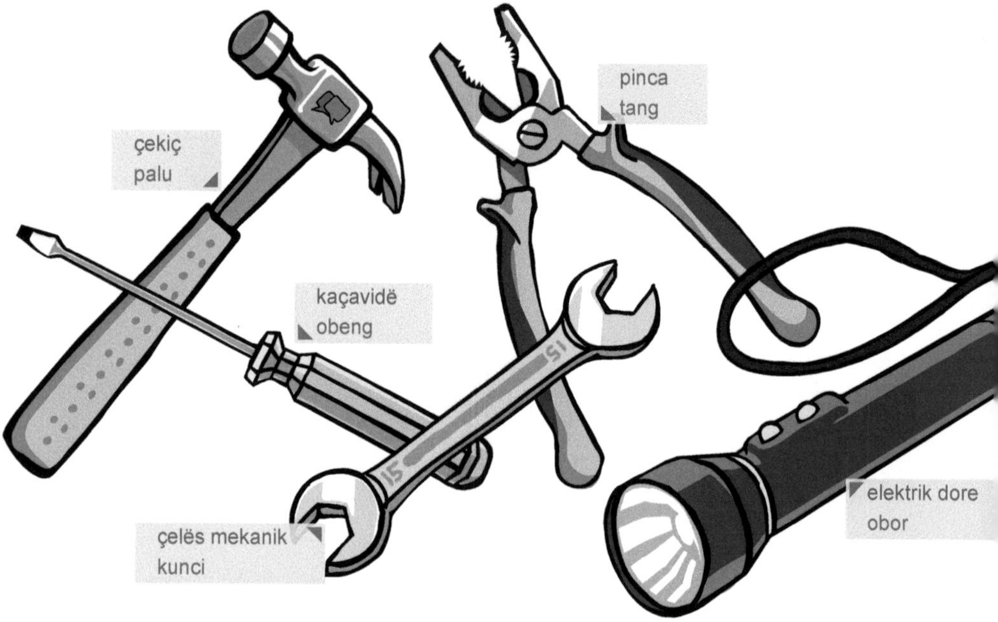
çekiç
palu
pinca
tang
kaçavidë
obeng
çelës mekanik
kunci
elektrik dore
obor

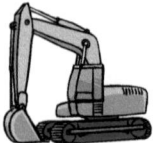

ekskavator
penggali

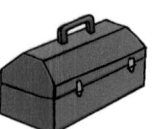

kuti veglash
tas perkakas

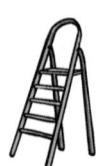

shkallë
tangga

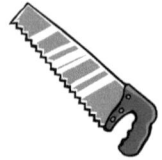

sharrë
gergaji

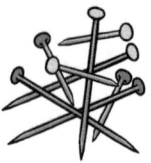

gozhdë
paku

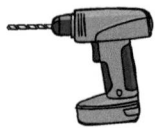

trapan
bor

riparoj
perbaikan

lopatë
sekop

Dreq!
Sialan!

kaci
cikrak

kuti boje
pot cat

vidhë
sekrup

## instrumenta muzikorë
## alat musik

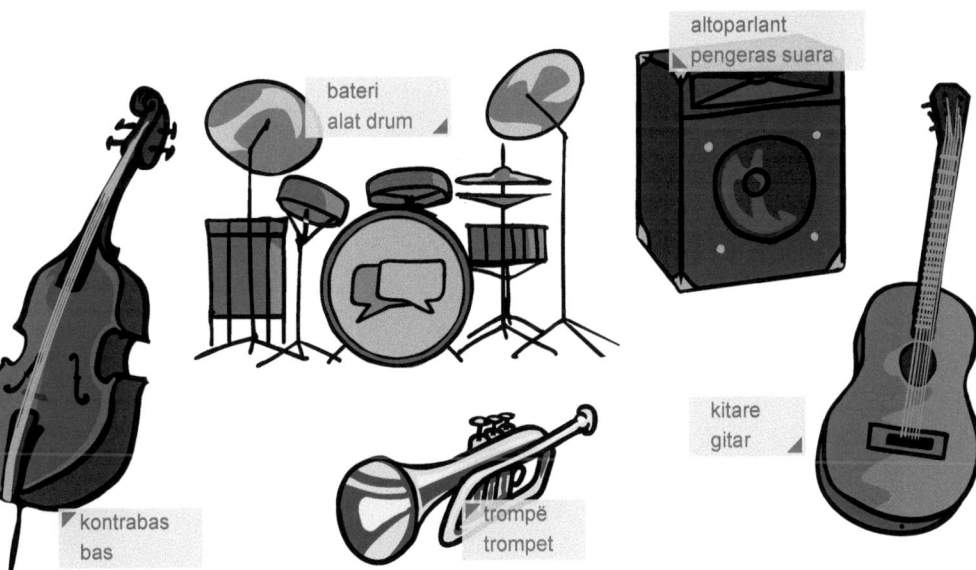

altoparlant
pengeras suara

bateri
alat drum

kitare
gitar

kontrabas
bas

trompë
trompet

piano
piano

violinë
violin

bas
bass

tamburë
tambur

daulle
drum

tastierë pianoje
keyboard

saksofon
saksofon

flaut
suling

mikrofon
mikrofon

# kopsht zoologjik

# kebun binatang

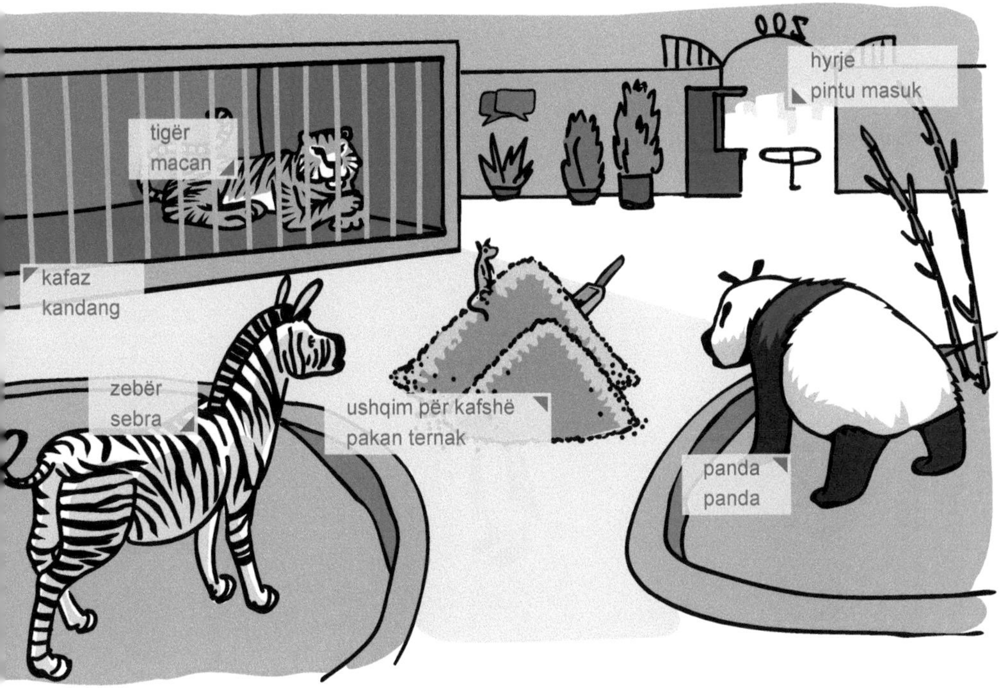
hyrje
pintu masuk
tigër
macan
kafaz
kandang
zebër
sebra
ushqim për kafshë
pakan ternak
panda
panda

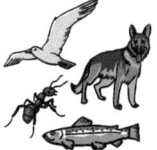

kafshë

hewan

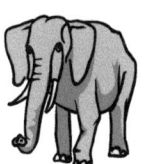

elefant

gajah

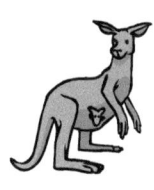

kangur

kanguru

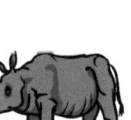

rinoceront

badak

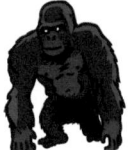

gorillë

gorila

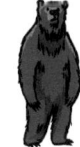

ari

beruang

deve

unta

struc

burung unta

luan

singa

majmun

monyet

flamingo

flamingo

papagall

burung beo

ari polar

beruang polar

pinguin

penguin

peshkaqen

hiu

pallua

merak

gjarpër

ular

krokodil

buaya

punonjës i kopshtit zoologjik

penjaga kebun binatang

fokë

segel

xhaguar

jaguar

kopsht zoologjik - kebun binatang

poni
kuda poni

leopard
macan tutul

hipopotam
kuda nil

gjirafë
jerapah

shqiponjë
burung elang

derr i egër
babi jantan

peshk
ikan

breshkë
kura-kura

lopë deti
anjing laut

dhelpër
rubah

gazelë
kijang

futboll amerikan
american football

çiklizëm
naik sepeda

tenis
tennis

basketboll
basketbal

not
bernang

boks
tinju

hokej mbi akull
hoki es

futboll
sepak bola

badminton
badminton

atletikë
atletik

hendboll
bola tangan

ski
main ski

polo
polo

hidhem
meloncat

qesh
ketawa

përqafoj
memeluk

eci
berjalan

këndoj
menyanyi

ëndërroj
mengimpi

lutem
berdoa

puth
mencium

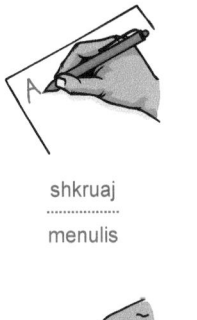

shkruaj
menulis

vizatoj
melukis

tregoj
menunjuk

shtyj
mendorong

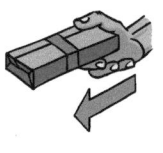

jap
memberikan

marr
mengambil

kam
mempunyai

bëj
melakukan

jam
adalah

qëndroj
berdiri

vrapoj
berlari

tërheq
menarik

hedh
melempar

bie
jatuh

shtrihem
tidur

pres
menunggu

mbaj
membawa

ulem
duduk

vishem
berpakaian

fle
tidur

zgjohem
bangun

aktivitet - aktivitas

shikoj
melihat

qaj
menangis

përkëdhel
mengelus

kreh
menyisir

bisedoj
berbicara

kuptoj
mengerti

kërkoj
menanyak

dëgjoj
mendengar

pi
minum

ha
makan

sistemoj
merapikan

dashuroj
cinta

gatuaj
memasak

drejtoj makinën
menyetir

fluturoj
terbang

lundroj

berlayar

llogaris

menghitung

lexoj

membaca

mësoj

belajar

punoj

bekerja

martohem

menikah

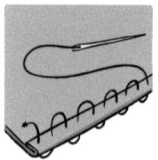

qep

menjahit

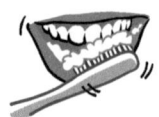

laj dhëmbët

sikat gigi

vras

membunuh

tymos

merokok

dërgoj

kirim

aktivitet - aktivitas

# familje
# keluarga

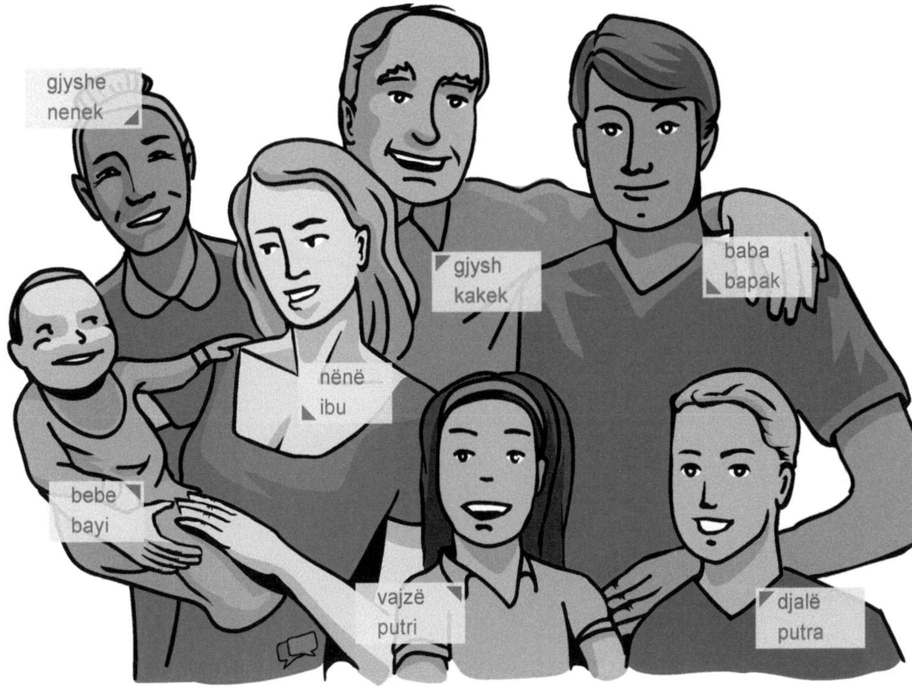
gjyshe
nenek
gjysh
kakek
baba
bapak
nënë
ibu
bebe
bayi
vajzë
putri
djalë
putra

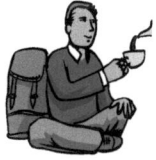

mysafir

tamu

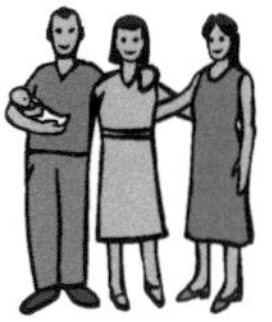

teze, hallë

bibi

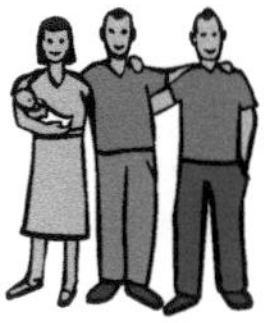

dajë, xhaxha

paman

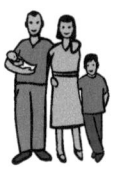

vëlla

kakak laki

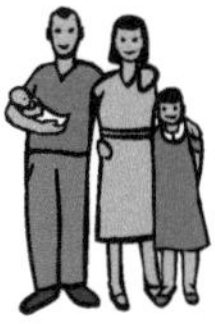

motër

kakak perempuan

# trupi
# badan

balli
dahi
syri
mata
shpatulla
bahu
gishti
jari
fytyra
muka
mjekra
dagu
dora
tangan
krahërori
payudara
këmba
kaki
krahu
lengan


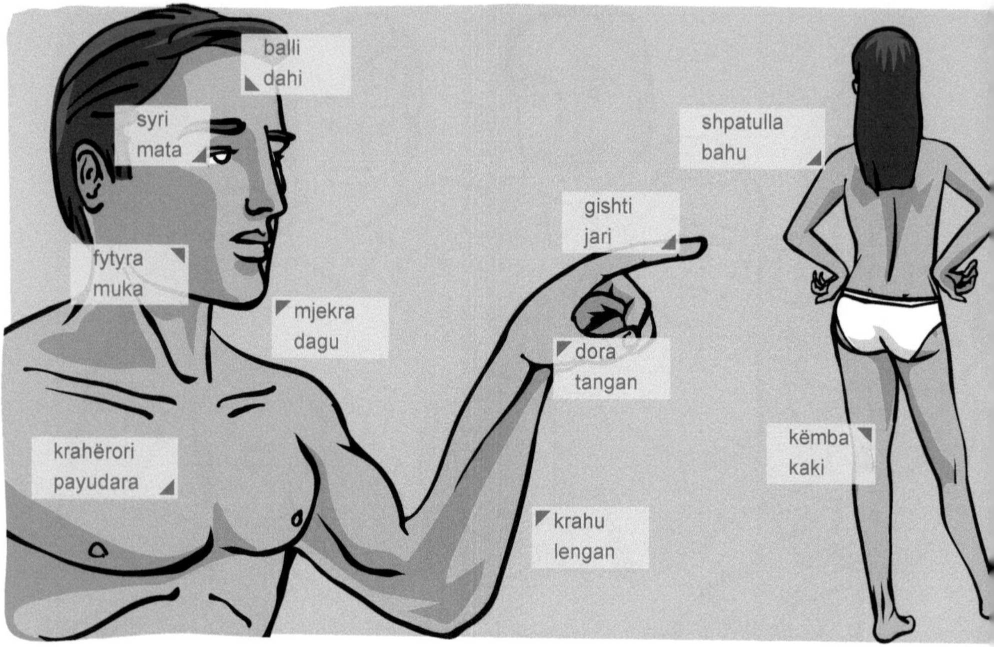

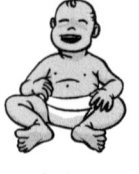

bebe
bayi

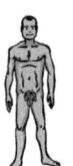

burrë
pria

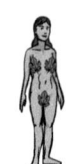

grua
wanita

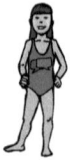

vajzë
perempuan

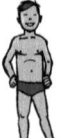

djalë
laki

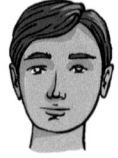

koka
kepala

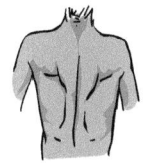

shpina

punggung

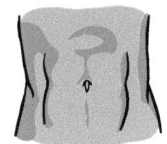

barku

perut

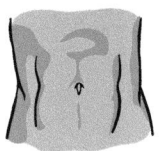

kërthiza

pusar

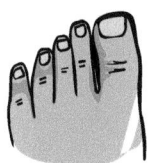

gisht këmbe

toe

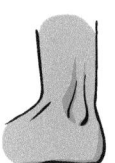

Thembra

tumit

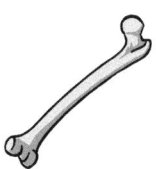

kockë

tulang

legeni

pinggang

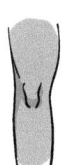

gjuri

lutut

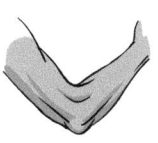

bërryli

siku

hunda

hidung

vithe

pantat

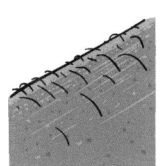

lëkura

kulit

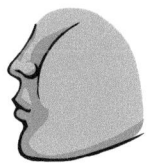

faqja

pipi

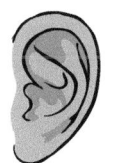

veshi

telinga

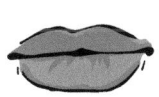

buza

bibir

goja

mulut

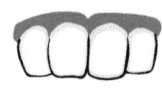

dhëmbët

gigi

gjuha

lidah

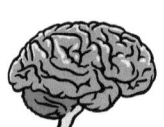

truri

otak

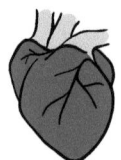

zemra

jantung

muskul

otot

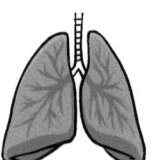

mushkëria

paru-paru

mëlçia

hati

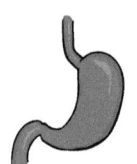

stomaku

stomach

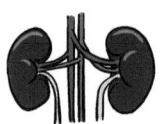

veshka

ginjal

seks

hubungan seks

prezervativ

kondom

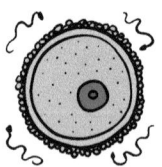

veza

sel telur

sperma

sperma

shtatëzani

kehamilan

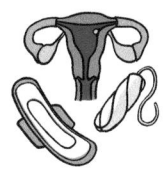

menstruacione
menstruasi

vagina
vagina

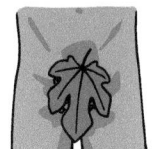

penis
penis

vetulla
alis

flokët
rambut

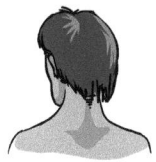

qafa
leher

# spital
# rumah sakit

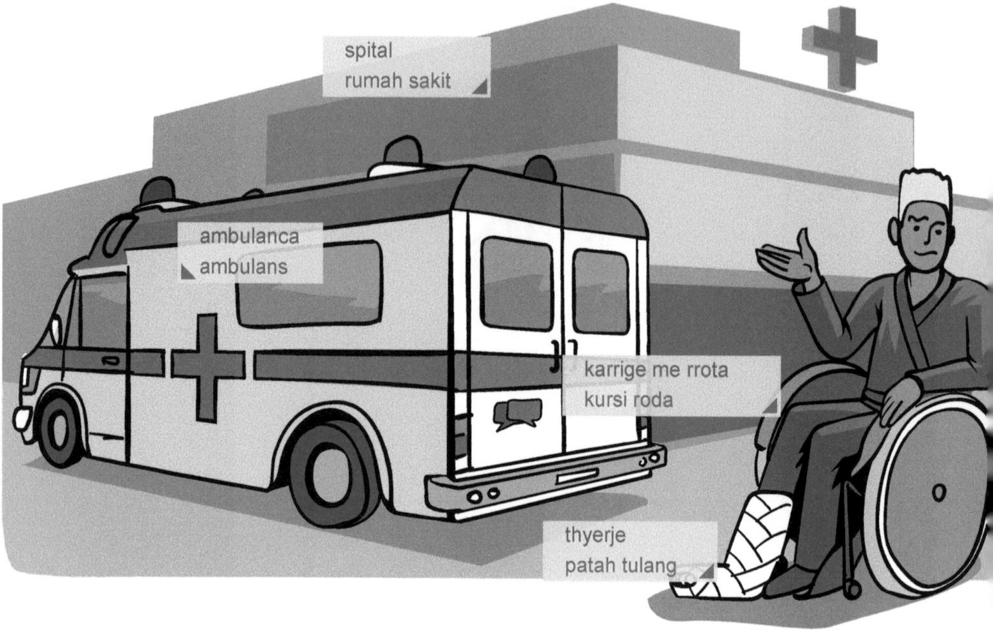

spital
rumah sakit
ambulanca
ambulans
karrige me rrota
kursi roda
thyerje
patah tulang

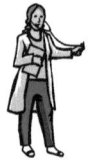

mjek
dokter

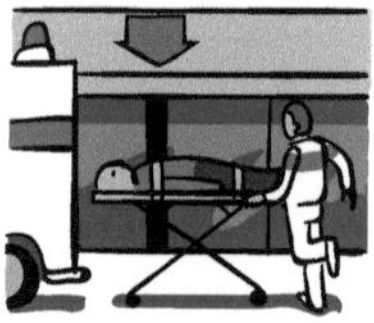

sallë urgjencash
ruang darurat

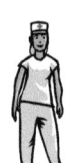

infermiere
perawat

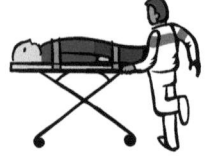

emergjencë
darurat

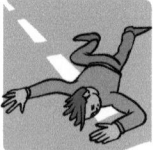

i pandërgjegjshëm
semaput

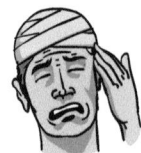

dhimbje
sakit

dëmtim

cedera

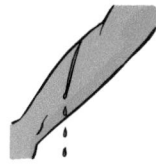

gjakosje

perdarahan

infarkt

serangan jantung

goditje

stroke

alergji

alergi

kolla

batuk

ethe

demam

grip

flu

diarre

diare

dhimbje koke

sakit kepala

kancer

kanker

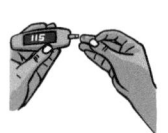

diabet

diabetes

kirurg

ahli bedah

bisturi

pisau bedah

operacion

operasi

CT (skaner)
CT

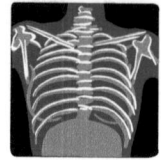

radiografi
sinar x

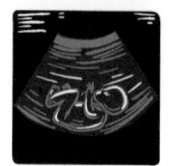

ultratingull
usg

maskë fytyre
topeng

sëmundje
penyakit

dhomë pritjeje
ruang tunggu

paterica
penyokong

leukoplast
plester

fasho
perban

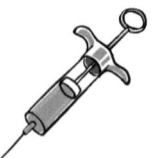

injeksion
injeksi

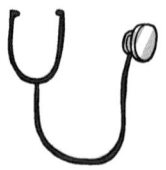

stetoskop
stetoskop

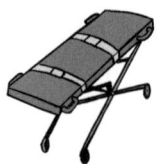

barelë
usungan

termometër
termometer klinis

lindje
kelahiran

mbipeshë
kelebihan berat badan

aparat dëgjimi

alat pendengar

dezinfektant

desinfektan

infeksion

infeksi

virus

virus

HIV / AIDS

HIV / AIDS

mjekësi, mjekim

obat

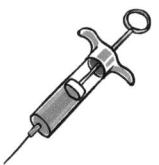

vaksinim

vaksinasi

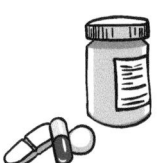

tableta

tablet

pilulë

pil

elefonatë emergjence

panggilan darurat

aparat tensioni

ukur tekanan darah

i sëmurë / i shëndetshëm

sakit / sehat

Ndihmë!

Tolong!

alarm

alarm

sulm

penyerbuan

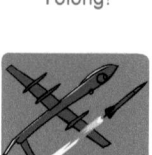

atak

serangan

rrezik

bahaya

dalje emergjence

pintu darurat

Zjarr!

Api!

fikëse zjarri

alat pemadam kebakaran

aksident

kecelakaan

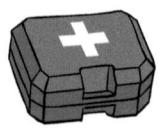

kuti e ndimës së shpejtë

kit pertolongan pertama

SOS

SOS

policia

polisi

Europa

Eropa

Amerika e Veriut

Amerika Utara

Amerika e Jugut

Amerika Selatan

Afrika

Afrika

Azia

Asia

Australia

Australi

Atlantiku

Atlantik

Paqësori

Pasifik

Oqeani Indian

Samudra India

Oqeani Antarktik

Samudra Antartika

Oqeani Arktik

Samudra Arktik

Poli i veriut

kutub utara

Poli i Jugut

kutub selatan

Antarktida

Antarktika

toka

bumi

tokë

tanah

det

laut

ishull

pulau

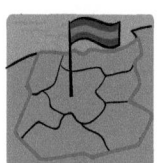

komb

bangsa

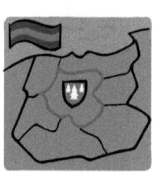

shtet

negara

fusha e orës

jam wajah

akrepi i orës

jarum pendek

akrepi i minutave

jarum menit

akrepi i sekondave

jarum detik

Sa është ora?

Jam berapa?

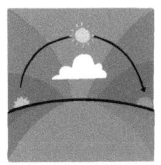

ditë

hari

kohë

waktu

tani

sekarang

orë dixhitale

jam digital

minutë

menit

orë

jam

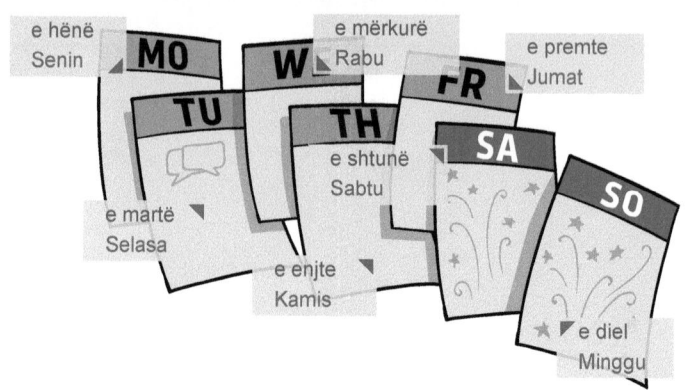

e hënë
Senin

e mërkurë
Rabu

e premte
Jumat

e martë
Selasa

e shtunë
Sabtu

e enjte
Kamis

e diel
Minggu

dje

kemaren

sot

hari ini

nesër

besok

mëngjes

pagi

mesditë

siang

mbrëmje

malam

| MO | TU | WE | TH | FR | SA | SU |
|----|----|----|----|----|----|----|
| 1 | 2 | 3 | 4 | 5 | 6 | 7 |
| 8 | 9 | 10 | 11 | 12 | 13 | 14 |
| 15 | 16 | 17 | 18 | 19 | 20 | 21 |
| 22 | 23 | 24 | 25 | 26 | 27 | 28 |
| 29 | 30 | 31 | 1 | 2 | 3 | 4 |

ditë pune

hari kerja

| MO | TU | WE | TH | FR | SA | SU |
|----|----|----|----|----|----|----|
| 1 | 2 | 3 | 4 | 5 | 6 | 7 |
| 8 | 9 | 10 | 11 | 12 | 13 | 14 |
| 15 | 16 | 17 | 18 | 19 | 20 | 21 |
| 22 | 23 | 24 | 25 | 26 | 27 | 28 |
| 29 | 30 | 31 | 1 | 2 | 3 | 4 |

fundjavë

akhir minggu

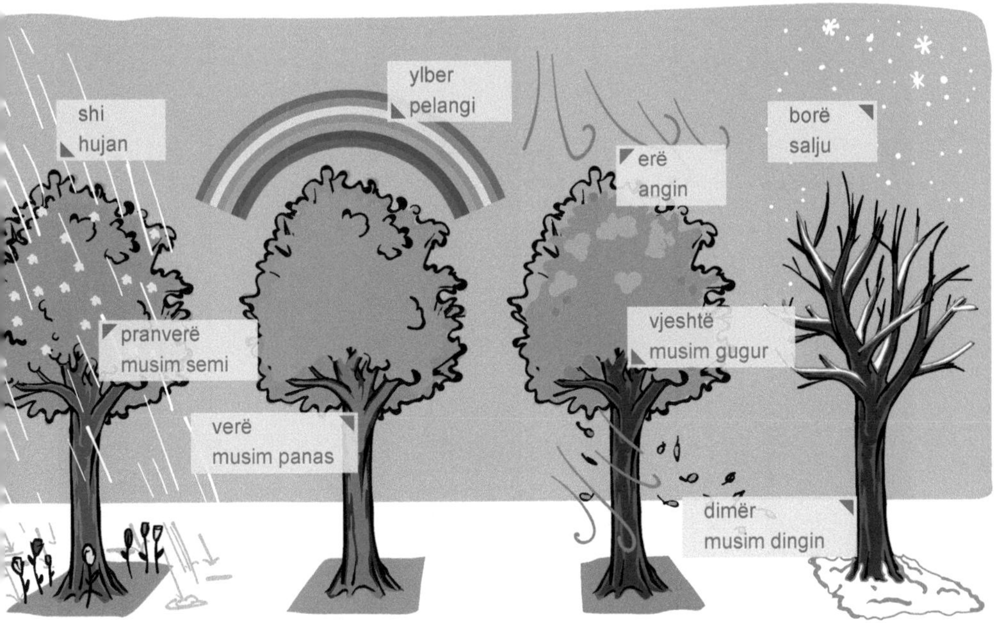

shi
hujan

ylber
pelangi

erë
angin

borë
salju

pranverë
musim semi

vjeshtë
musim gugur

verë
musim panas

dimër
musim dingin

| 4.APRIL | 11° | ☀ |
|---------|-----|---|
| 5.APRIL | 4°  | ☁ |
| 6.APRIL | 13° | ☂ |
| 7.APRIL | 8°  | ❄ |
| 8.APRIL | 10° | ☀ |

parashikimi i motit

ramalan cuaca

termometër

termometer

ndriçim dielli

matahari

re

awan

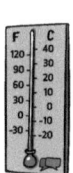

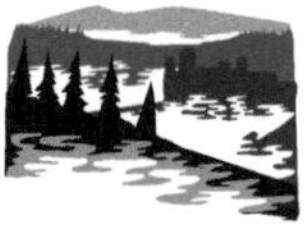

mjegull

kabut

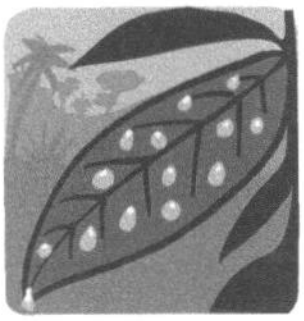

lagështi

kelembahan

vetëtima

kilat

gjëmim

guntur

stuhi

badai

breshër

hujan es

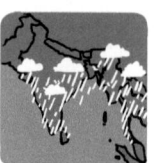

muson

monsun

përmbytje

banjir

akull

es

janar

Januari

shkurt

Februari

mars

Maret

prill

April

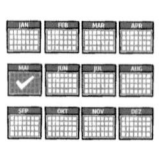

maj

Mei

qershor

Juni

korrik

Juli

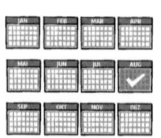

gusht

Agustus

vit - tahun

shtator

September

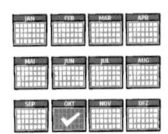

tetor

Oktober

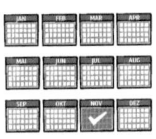

nëntor

November

dhjetor

Desember

# forma
## bentuk

rreth

lingkaran

katror

persegi

drejtkëndësh

persegi panjang

trekëndësh

segi tiga

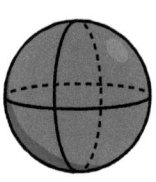

sferë

bola

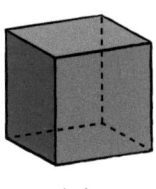

kub

kubus

e bardhë

putih

e verdhë

kuning

portokalli

oranye

rozë

pink

e kuqe

merah

vjollcë

ungu

blu

biru

e gjelbër

hijau

kafe

coklat

gri

abu-abu

e zezë

hitam

shumë / pak

banyak / sedikit

i nevrikosur / i qetë

marah / tenang

i bukur / i shëmtuar

cantik / jelek

fillim / fund

mulaih / selesai

i madh / i vogël

besar / kecil

i ndritshëm / i errët

terang / gelap

vëlla / motër

udara laki-laki / saudara perempuan

e pastër / e pistë

bersih / kotor

e plotë / jo e plotë

lengkap / tidak lengkap

ditë / natë

hari / malam

gjallë / vdekur

mati / hidup

i gjerë / i ngushtë

luas / sempit

i ngrënshëm / i pangrënshëm

dapat dimakan / tidak dapat dimakan

i keq / i këndshëm

jahat / baik

i lumtur / i mërzitur

bersemangat / bosan

i shëndoshë / i dobët

gemuk / kurus

e para / e fundit

pertama / terakhir

mik / armik

teman / musuh

plot / bosh

penuh / kosong

e fortë / e butë

keras / lembut

e rëndë / e lehtë

berat / enteng

uri / etje

lapar / haus

i sëmurë / i shëndetshëm

sakit / sehat

e paligjshme / e ligjshme

ilegal / legal

i zgjuar / budalla

cerdas / bodoh

majtas / djathtas

kiri / kanan

afër / larg

dekat / jauh

e re / e përdorur

baru / bekas

asgjë / diçka

tidak ada apapun / sesuatu

i moshuar / i ri

tua / muda

ndezur / fikur

nyala / mati

hapur / mbyllur

buka / tutup

i qetë / i zhurmshëm

tenang / keras

i pasur / i varfër

kaya / miskin

e drejtë / e gabuar

benar / salah

i ashpër / i butë

kasar / halus

i mërzitur / i lumtur

sedih / gembira

i shkurtër / i gjatë

pendek / panjang

ngadalë / shpejt

pelan-pelan / cepat

i lagësht / i thatë

basah / kering

ngrohtë / freskët

hangat / sejuk

luftë / paqe

perang / damaı

**0**

zero

nol

**1**

një

satu

**2**

dy

dua

**3**

tre

tiga

**4**

katër

empat

**5**

pesë

lima

**6**

gjashtë

enam

**7**

shtatë

tujuh

**8**

tetë

delapan

**9**

nentë

sembilan

**10**

dhjetë

sepuluh

**11**

njëmbëdhjetë

sebelas

**12**

dymbëdhjetë

duabelas

**13**

trembëdhjetë

tigabelas

**14**

katërmbëdhjetë

empatbelas

**15**

pesëmbëdhjetë

limabelas

**16**

gjashtëmbëdhjetë

enambelas

**17**

shtatëmbëdhjetë

tujuhbelas

**18**

tetëmbëdhjetë

delapanbelas

**19**

nentëmbëdhjetë

sembilanbelas

**20**

njëzetë

duapuluh

**100**

qind

seratus

**1.000**

mijë

seribu

**1.000.000**

milion

juta

anglisht

Inggris

anglishte amerikane

bahasa Inggris Amerika

kinezisht mandarin

bahasa Cina Mandarin

hindi

bahasa Hindi

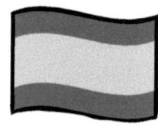

spanjisht

bahasa Spanyol

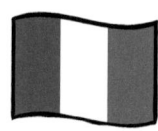

frëngjisht

bahasa Perancis

arabisht

bahasa Arab

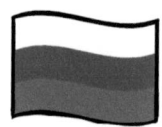

rusisht

bahasa Rusia

portugalisht

bahasa Portugis

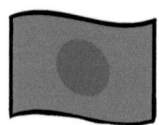

bengalisht

bahasa Bengal

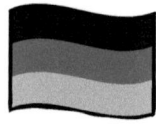

gjermanisht

bahasa Jerman

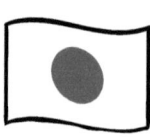

japonisht

bahasa Jepang

unë
......................
saya

ti
......................
kamu

ai / ajo
......................
dia

ne
......................
kita

ju
......................
kalian

ata
......................
mereka

kush?
......................
siapa?

çfarë?
......................
apa?

si?
......................
begaimana?

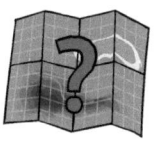

ku?
......................
dimana?

kur?
......................
kapan?

emër
......................
nama

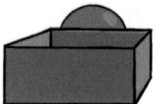

pas
...................
dibelakang

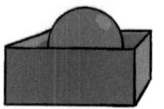

në
...................
di

përballë
...................
didepan

sipër
...................
diatas

mbi
...................
diatas

poshtë
...................
dibawah

pranë
...................
sebelah

midis
...................
di antara

vend
...................
tempat